🌱 CONEXIONES DE SEAHORSE 🌱

# AYUDANDO A MI HIJO

**Una guía para acompañar las habilidades de preparación escolar**

PREKÍNDER

SEAHORSE PUBLISHING

# ÍNDICE

# LA CIENCIA DE LA LECTURA

La lectura es una habilidad esencial para tener éxito en la escuela y en la vida. Para entender cómo los niños aprenden a leer, los padres de familia deben tener conocimientos de la ciencia de la lectura.

La *ciencia de la lectura* es un término que se refiere a más de 20 años de investigación realizada por expertos en la forma en la que la gente aprende a leer. La investigación muestra que la lectura no se desarrolla de manera natural. Para mucha gente, requiere de un gran esfuerzo. Aprender a leer es más efectivo cuando sucede a través de un proceso paso a paso basado en estrategias y técnicas respaldadas por investigaciones comprobadas.

Una buena enseñanza de la lectura no sólo consiste en aprender a pronunciar las palabras. Ayuda a los estudiantes a desarrollar habilidades de conciencia fonológica, en el método fonético (phonics), fluidez, vocabulario y comprensión. Todas estas habilidades ayudan a los estudiantes a construir caminos en su cerebro que conectan las palabras con sus sonidos, escritura y significados. Al usar la ciencia de la lectura como una guía, padres de familia y maestros podrán ayudar a nuestros hijos en el proceso de aprendizaje de la lectura.

Esta guía está diseñada para que los padres de familia puedan ayudar a sus hijos en el proceso de aprendizaje de la lectura en inglés, aunque también puede servir de base para el acompañamiento lector en otros idiomas.

## CLAVES PARA UNA ENSEÑANZA DE LECTURA EFECTIVA

**Conciencia fonológica:** La habilidad para reconocer, pensar y trabajar con los sonidos que conforman las palabras habladas.

**El método fonético (phonics):** La comprensión de la relación entre los sonidos y las letras que los representan por escrito.

**Fluidez:** La habilidad para leer rápido y de manera precisa.

**Vocabulario:** La comprensión de los significados de las palabras.

**Comprensión:** La obtención de significados a través de la lectura.

# ¿MI HIJO DEBERÍA SABER LEER ANTES DE INGRESAR A PREESCOLAR?

Cada niño se desarrolla a su propio ritmo. Los niños no deben ser obligados a leer antes de que estén listos. Los niños podrían frustrarse si se les presiona para aprender a leer antes de tiempo, lo que podría dar como resultado que no deseen leer en absoluto. Su hijo le dará señales de que está listo para hacerlo cuando responda adecuadamente a los estímulos relacionados con ello y al desarrollar habilidades de aprendizaje de manera veloz.

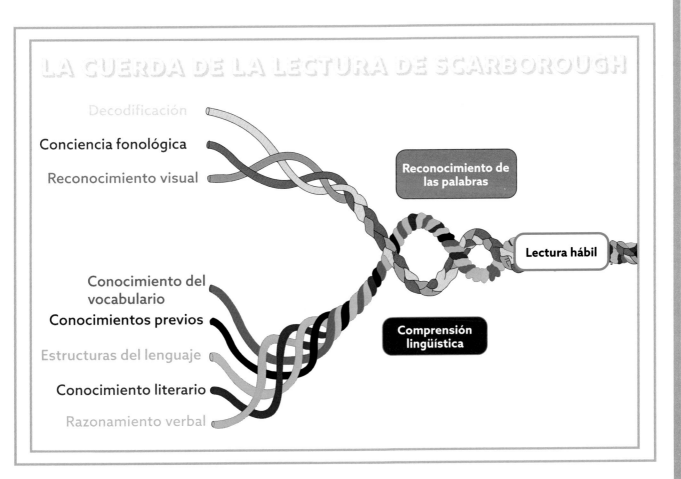

## LA CUERDA DE LA LECTURA DE SCARBOROUGH

- Decodificación
- **Conciencia fonológica**
- Reconocimiento visual

**Reconocimiento de las palabras**

- Conocimiento del vocabulario
- **Conocimientos previos**
- Estructuras del lenguaje
- Conocimiento literario
- Razonamiento verbal

**Comprensión lingüística**

**Lectura hábil**

Para mostrar cómo los niños hacen uso de una variedad de habilidades para convertirse en lectores hábiles, la Dra. Hollis Scarborough creó la Cuerda de la Lectura. En 2001, este modelo fue publicado en el *Handbook of Early Literacy Research* (Manual de investigación sobre alfabetización temprana), de Neuman/Dickinson.

# EL LENGUAJE ORAL
## FUNDAMENTO DE LA ALFABETIZACIÓN

Las personas nacemos para hablar. Casi todos los niños aprenden las reglas de sus lenguas maternas a una edad temprana sin necesidad de una educación formal. Incorporan las reglas del idioma por su propia cuenta. Un niño que dice: «Poní mis juguetes aquí» aprenderá rápidamente a decir: «Puse mis juguetes aquí». Conforme se desarrollan sus habilidades de comunicación oral, los niños también harán uso de palabras para dar sentido a sus experiencias y para crear conexiones con los demás.

A pesar de que su hijo aún no esté listo, estará construyendo los cimientos de la alfabetización al escuchar a los demás hablando y al jugar juegos de roles. Su entorno cumple un papel importante en la manera en la que aprende. Puede ayudar a su hijo a construir habilidades tempranas de comprensión teniendo con él conversaciones significativas, leyéndole libros en voz alta y dedicando tiempo a hablar de lo leído.

## LISTA DE VERIFICACÓN DEL LENGUAJE ORAL

Su hijo que aún no cursa el grado preescolar está en camino a dominar estas habilidades de comunicación oral. Si le preocupa el desarrollo de su hijo en cualquiera de estas áreas, por favor contacte con un lingüista clínico o algún otro experto.

- ✔ Habla con oraciones de alrededor de cuatro palabras y hace uso de oraciones un poco más largas.

- ✔ Forma el plural de los sustantivos de forma correcta (ejemplos: patos, cubiertos).

- ✔ Hace un uso correcto de los pronombres (ejemplos: ellos, él, suyas).

- ✔ Puede seguir instrucciones básicas de dos pasos.

- ✔ Responde a las preguntas *qué, quién* y *dónde* de manera correcta.

- ✔ Hace preguntas que incluyen *por qué, cuándo* y *cómo*.

# ACTIVIDADES PARA EL FORTALECIMIENTO DE LAS HABILIDADES DE COMUNICACÓN ORAL

## ¿CORREGIR O NO CORREGIR?

En lugar de corregir a su hijo cuando habla, preséntele de una forma no prescriptiva la forma estándar de hablar mientras dialoga con él. Si su hijo dice: «Gustan las zanahodias», usted puede responder «Qué bien. A mí también me gustan las zanahorias. Son crujientes».

## CAMINA Y HABLA

Caminen por el barrio y anime a su hijo a señalar cosas sobre las que podrían hablar. Haga preguntas abiertas que comiencen con *quién*, *qué*, *por qué*, *dónde* y *cómo*.

## DIME MÁS

Estimule a su hijo con preguntas que requieran más que un «sí» o un «no» como respuesta. Si su hijo dice: «Vi un perro», puede responder: «Cuéntame más. ¿A dónde crees que iba el perro? ¿Por qué?».

## ACTÚEN

Después de leer una historia para su hijo, actúenla juntos. Usen animales de peluche y otras cosas que tengan en casa.

## HABLAR DE MANERA ACTIVA

Saque el mayor provecho de las conversaciones diarias para moldear el lenguaje de su hijo. Por ejemplo, si usted dice: «Pongámonos los zapatos para ir al parque», podría dar seguimiento con una pregunta abierta para su hijo como: «Ya que vamos a ir al parque, ¿qué te gustaría que nos lleváramos?».

## TE PUEDO CONTAR...

Escoja algo sobre lo que aprender más con su hijo, como por ejemplo perros, el océano o los ayudantes comunitarios. Saquen libros de la biblioteca para leerlos juntos o hagan uso de recursos en Internet. Intente aprender cinco datos nuevos. Pida a su hijo que los comparta con el resto de la familia.

# LAS CONCIENCIAS FONOLÓGICA Y FONÉMICA
## ESCUCHANDO LOS SONIDOS DE LAS PALABRAS

Las conciencias fonológica y fonémica son habilidades de prelectura importantes. Describen la habilidad de un niño para escuchar, identificar y jugar con los sonidos en el lenguaje hablado. Estas habilidades forman un fundamento esencial para el desarrollo de la lectura y la escritura en el grado preescolar y más allá.

Los niños demuestran poseer una conciencia fonológica cuando reconocen y manipulan, o modifican, partes de las palabras escritas. La conciencia fonémica es la última habilidad de conciencia fonológica en desarrollarse. Los niños que dominan la conciencia fonémica pueden oír, reconocer y jugar con los sonidos individuales, o fonemas, de las palabras habladas.

## ESCALONES EN LA CONCIENCIA FONOLÓGICA EN INGLÉS

| | |
|---|---|
| 3 a 4 años | Enuncia palabras que riman, reales e imaginarias. |
| 4 a 5 años | Aplaude o da golpecitos al pronunciar las sílabas de las palabras.<br>Reconoce palabras que inician con el mismo sonido.<br>Segmenta o separa los sonidos de las palabras de tres sonidos.<br>Fusiona o combina sonidos individuales para crear palabras con tres sonidos.<br>Cuenta el número de sonidos en palabras de tres sonidos. |
| 5 a 6 años | Segmenta o separa cada sonido en palabras con cuatro sonidos.<br>Identifica el primero y el último sonido de cada palabra.<br>Agrupa palabras con el mismo sonido inicial.<br>Identifica qué palabras no riman en grupos de tres palabras.<br>Identifica qué palabra no es igual en grupos de tres palabras. |
| 6 a 7 años | Omite sílabas en las palabras cuando se le pide que lo haga.<br>Omite sonidos en las palabras cuando se le pide que lo haga.<br>Sustituye sílabas en las palabras cuando se le pide que lo haga.<br>Sustituye sonidos en las palabras cuando se le pide que lo haga. |
| 7 a 8 años | Utiliza sus habilidades de conciencia fonológica para deletrear palabras. |

## A LA CAZA DE LAS SÍLABAS

Busque en casa objetos cuyos nombres tengan más de una sílaba. Diga en voz alta la palabra y levante un dedo por cada una de sus partes. Por ejemplo, diga «bed-room» para bedroom, y «ma-ca-ro-ni» para macaroni.

## CÁMBIALA

Piense en una palabra de una sola sílaba. Pida a su hijo que, en la palabra, cambie el sonido inicial, el de en medio o el final para crear una nueva palabra. Use el siguiente ejemplo, leyendo las letras entre diagonales como sonidos.

**Padre de familia:** Cambia el sonido /m/ en *mop* por /h/. ¿Qué palabra es?

Hijo: *Hop.*

**Padre de familia:** ¡Bien hecho! Ahora, cambia el sonido /ŭ/ en *hut* por /ă/. ¿Qué palabra es?

Hijo: *Hat.*

**Padre de familia:** Bien pensado. Intenta cambiar el sonido /d/ en *bed* por /g/. ¿Qué palabra es?

Hijo: *Beg.*

**Padre de familia:** ¡Excelente! ¡Lo lograste!

## MOMENTO DE HACER RIMAS

Rimar es una habilidad de conciencia fonémica importante. Utilice estas ideas para ayudar a su hijo a practicar rimas.

**El tren de las rimas:** Diga dos palabras que rimen. Pida a su hijo que diga una tercera palabra que rime. Acepte la sugerencia de su hijo aun cuando no sea una palabra real. Continúe así con más pares de rimas.

**Alzar la mano por una rima:** Diga pares de palabras que rimen y pares que no rimen. Pida a su hijo que alce la mano sólo cuando escuche palabras que rimen.

**Encontrar el par:** Diga tres palabras: dos que rimen y una que no rime. Pida a su hijo que le diga cuáles son las palabras que riman.

# EL MÉTODO FONÉTICO (PHONICS):
## LAS LETRAS FORMAN SONIDOS

El método fonético (phonics) se refiere al conocimiento de que las letras y su combinación representan sonidos. Es una habilidad esencial para lectores principiantes.

Todas las palabras están hechas de sonidos. La palabra *dog* tiene tres sonidos. Cada letra representa un sonido. La palabra *light* tiene tres sonidos. Las letras *igh* representan un sonido. El idioma inglés tiene 44 sonidos para todas sus palabras. En cualquier caso, su alfabeto sólo tiene 26 letras. Algunas letras pueden tener más de un sonido. Otras letras se unen para crear sonidos diferentes. Es una especie de código que los lectores principiantes deben descubrir.

Los niños de prekínder apenas empiezan a entender al código del método fonético. Aprenden las letras del alfabeto y comienzan a asociar un sonido con cada una. Para el momento en el que están listos para comenzar preescolar, deberían conocer la mayoría de los sonidos de las consonantes y los sonidos cortos de las vocales.

## MÉTODO FONÉTICO 101
### ¿CONSONANTE O VOCAL?

Las letras consonantes son *b, c, d, f, g, h, j, k, l, m, n, p, q, r, s, t, v, w, x, y* (como en *you*) y *z*.

Las letras vocales son *a, e, i, o, u* e *y* (como en *my* y en *baby*). Las vocales cortas se representan con un símbolo curvo, como una sonrisa, en la parte superior: /ă/. Las vocales largas se representan con una línea horizontal en la parte superior: /ā/.

## ACTIVIDADES PARA LA CONSTRUCCIÓN DE HABILIDADES FONÉTICAS

### LETRAS EN CREMA PARA AFEITAR

Coloque crema para afeitar en una bandeja de horno grande. Extiéndala de manera uniforme. Escoja una letra y dígala en voz alta. Con un dedo, escriba la letra en la crema para afeitar y diga su nombre. Pronuncie el sonido que hace la letra mientras la subraya. ¡También lo puede hacer con crema para batir!

# VOCALES CORTAS EN ACCIÓN

Ayude a su hijo a recordar los sonidos de las vocales cortas asociando una acción a cada una.

**A:** Pretenda morder una manzana. Diga: «I see a worm in my apple! Aaaah! La *a* corta se pronuncial /ă/, ¡como la pronunciamos cuando dijimos que vimos un gusano en nuestra *apple*!».

**E:** Deslice un dedo por el borde de una mesa. Diga: «Eh-eh-edge. La *e* corta se pronuncia /ĕ/, como el sonido inicial de *edge*».

**I:** Rásquese la nariz. Diga «I have an ih-ih-itch. La *i* corta se pronuncial /ĭ/, como el sonido inicial de *itch*».

**O:** Abra la boca como si el doctor fuera a revisar su garganta. Diga: «Ohhhh. La *o* corta se pronuncia /ŏ/, como cuando estás sorprendido».

**U:** Señale hacia arriba. Diga: «Uh-uh-up. La *u* corta se pronuncia /ŭ/ como el sonido inicial de *up*».

# SEA CONCISO

Para evitar confundir a los lectores principiantes, no agregue el sonido de una vocal al hacer el sonido de una consonante. Por ejemplo, el sonido de la letra *t* es /t/, no /te/ (español) o /tuh/ (inglés).

# LETRAS EN ARCOÍRIS

Dibuje una serie de arcos dejando un espacio entre cada uno. Escriba una letra debajo de todos los arcos. Luego, continúe en el arco superior. Use un marcador rojo o un crayón.

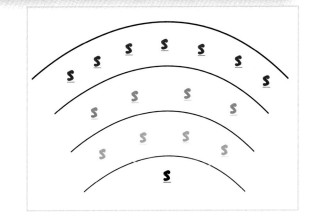

Siga estos pasos:

1. Pronuncie el sonido que hace la letra.

2. Escriba la letra y diga su nombre mientras escribe.

3. Subraye la letra y pronuncie su sonido.

Repita hasta que el primer arco esté lleno. Luego, con un marcador naranja o crayón llene el segundo arco de la misma manera mientras nombra, escribe, pronuncia, subraya y lee. Repita en los siguientes arcos usando colores distintos.

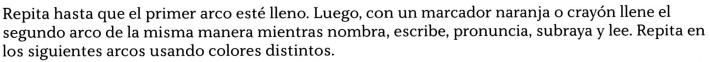

# HAGA UN JUEGO DE MEMORIA

Haga un juego de cartas con las letras del alfabeto y otro con imágenes cuyos nombres comienzan con cada una de las letras. Mézclelas y póngalas boca abajo. Túrnense para dar vuelta a pares de cartas. Cada que uno encuentre un par que coincida, recuerden decir el nombre de la letra, su sonido y el nombre de lo que aparece en la imagen. Ejemplo: b, /b/, *ball*.

# EL VOCABULARIO: LAS PALABRAS TIENEN SIGNIFICADOS

El vocabulario juega un papel crítico en el proceso de aprendizaje de la lectura. Los lectores jóvenes usan sus conocimientos sobre las palabras para dar sentido a lo que leen. Para entender lo que lee, un niño debe saber lo que significan las palabras. Los niños necesitan un amplio «banco de palabras» para echar mano de él mientras leen. Mientras mayor sea el vocabulario de un niño, tendrá mayor habilidad para comprender lo que lee o escucha.

Conforme encuentra nuevas palabras, el niño las relaciona con palabras que ya conoce y las agrega a su creciente vocabulario. Algunas palabras son aprendidas de manera natural. Otras deben ser enseñadas. Los niños aprenden nuevas palabras a través de conversaciones diarias y experiencias que les enseñan sobre el mundo. Leer libros a su hijo también lo ayuda a tener un vocabulario amplio.

## MI DIARIO DE PALABRAS

Pida a su hijo que tenga un diario de palabras. Use un cuaderno con espiral o una libreta. Anote una palabra en cada página. Haga un dibujo que represente cada palabra. Ayude a su hijo a escribir una definición para niños.

feast

## TIPOS DE VOCABULARIO

**Vocabulario auditivo:** Las palabras que escuchamos.

**Vocabulario oral:** Las palabras que decimos.

**Vocabulario de lectura:** Las palabras que leemos.

**Vocabulario de escritura:** Las palabras que escribimos.

# ACTIVIDADES PARA LA CONSTRUCCIÓN DEL VOCABULARIO

## PALABRAS PARA LA NO FICCIÓN

Escoja un libro de no ficción. Lea el libro a su hijo en voz alta. Hablen acerca de las palabras nuevas que encontraron. Pida a su hijo que comparta con otros las palabras que aprendió.

## CONVERSACIÓN CON PALABRAS NUEVAS

Presente una palabra nueva a su hijo dándole una definición simple. Luego, dele un ejemplo que se relacione con las experiencias de su hijo. Pida a su hijo que también piense en un ejemplo. En los siguientes días, encuentre la oportunidad de usar la palabra nueva mientras conversa con su hijo.

## LECTURA DE PALABRAS NUEVAS

Cuando su hijo esté escuchando un cuento, está bien que se detengan a hablar de una palabra nueva. Lean de nuevo la oración y pregunte a su hijo qué piensa que significa. Dele una definición para niños. Ayude a su hijo a hacer una conexión personal con la palabra.

# LA COMPRENSIÓN:
## ENTENDIENDO LO LEÍDO EN VOZ ALTA

La comprensión de la lectura es la esencia de la lectura misma. Es la habilidad que se tiene para entender los significados de lo leído. Es una habilidad compleja que se desarrolla con el tiempo. Cuando esté leyendo algo a su hijo, anímelo a pensar acerca de lo que escucha. Para lograr una buena comprensión, su mente debe ser «encendida» y pensar activamente.

Los niños de prekínder absorben mucha información conforme escuchan los libros que les son leídos, aprendiendo acerca del mundo que los rodea. Pueden mostrar lo que han entendido en libros de ficción contando con sus palabras una historia y describiendo a sus personajes, escenarios y sucesos. Pueden demostrar que entendieron libros de no ficción repitiendo datos importantes de un tema sobre el que aprendieron.

## LECTURA ACTIVA

La lectura activa ocurre cuando el lector se concentra e involucra en el texto. El lector piensa en lo que está siendo leído y hace conexiones. Este tipo de lectura es esencial para la comprensión.

Puede ayudar a su hijo a convertirse en un lector activo usando la estratega HAC:

**H:** Haga preguntas sobre la lectura.

**A:** Aumente el vocabulario motivando el aprendizaje de nuevas palabras encontradas durante la lectura.

**C:** Conecte la lectura con las experiencias de su hijo.

## ACTIVIDADES PARA FORTALECER LA LECTURA DE COMPRENSIÓN

### HAGA UNA NOTA (LIBROS DE NO FICCIÓN)

Doble una hoja de papel en cuartos. Al centro del papel, anote el tema principal del libro. Luego, en cada sección, anote un dato. Pida a su hijo que haga un dibujo de cada dato.

# INICIO-MITAD-FIN (LIBROS DE FICCIÓN)

Doble una hoja de papel en tres partes. Pida a su hijo que, en la primera sección, dibuje y etiquete una imagen de lo que sucedió al inicio del cuento. Pida a su hijo que, en la segunda sección, dibuje y anote bajo el dibujo lo que sucedió a la mitad. En la tercera sección, pida a su hijo que dibuje y anote bajo el dibujo lo que sucedió al final del cuento. Use los dibujos para hablar acerca del cuento y que lo cuente con palabras propias.

Leer juntos debería crear curiosidad y dar alegría. Tenga conversaciones acerca de los libros en lugar de hacer exámenes y preguntas sobre ellos. ¡Recuerde permanecer tranquilo y divertirse!

# PREGUNTAS PARA LA COMPRENSIÓN DE LECTURA

**Antes de leer**
- ¿De qué piensas que trata el libro?
- ¿Qué piensas que sucederá?
- ¿Piensas que este libro es sobre algo real o sobre algo inventado?
- ¿Qué sabes ya de este tema?
- ¿Qué quieres aprender de este tema?

**Durante la lectura**
- ¿Qué piensas que sucederá después? ¿Por qué?
- ¿Cómo piensas que acabará el libro?
- ¿Piensas que este dato es interesante, divertido o extraño?

**Después de la lectura**
- ¿Te gustó el libro? ¿Por qué?
- ¿Cuál es tu parte favorita?
- ¿Cuál es tu personaje favorito?
- ¿Qué dato te gustó más?

# LAS HABILIDADES MOTORAS FINAS:
## FORTALECIENDO LAS MANOS

Tener habilidades motoras finas significa poder controlar los músculos más pequeños del cuerpo, incluyendo los de los dedos y manos. Las habilidades motoras finas son necesarias para usar un cuchillo y un tenedor, para quitar la tapa a un frasco y para usar tijeras. Conforme su hijo desarrolla estas habilidades, comienza a ser más capaz de vestirse por sí solo y alimentarse y jugar con juguetes más complejos.

Las habilidades motoras finas son particularmente importantes para aprender a escribir. La fuerza y control de la mano son necesarios para sostener un lápiz y formar letras. Puede ayudar a su hijo a desarrollar habilidades motoras finas ofreciéndole oportunidades para sostener y manipular objetos. Resolver rompecabezas, colocar figuras geométricas en un tablero, jugar juegos de mesa, construir con bloques y hacer figuras con plastilina son distintas maneras de fortalecer las habilidades motoras finas. Un beneficio extra de estas actividades es que promueven la concentración y aumentan el período de atención de su hijo.

## SOSTENIENDO UN LÁPIZ

La forma en la que un niño sostiene un lápiz hace una diferencia. Tomar un lápiz de manera eficiente está relacionado directamente con la velocidad de la escritura manual y la legibilidad. También es menos cansado para la mano de su hijo. El objetivo es que su hijo desarrolle la sujeción en forma de trípode. El pulgar y el índice deberían sujetar el lápiz, y este debería descansar sobre el dedo medio. La parte posterior del lápiz descansa sobre la piel que hay entre los dedos pulgar e índice.

**Intente estos consejos para ayudar a su hijo a desarrollar una buena sujeción en forma de trípode:**

- Use lápices cortos.
- Use un lápiz más grueso o uno en forma de triángulo.
- Mientras sostiene el lápiz, pídale que sostenga un pompón o una moneda entre el dedo anular y el meñique.
- Compre un sostenedor de lápices que ayude a su hijo a posicionar los dedos correctamente.

# ACTIVIDADES PARA CONSTRUIR HABILIDADES MOTORAS FINAS

## MANOS AMIGAS

Las horas de comer son una excelente oportunidad para practicar las habilidades motoras finas. Los niños pueden remover, batir, cortar y mezclar partes de la comida. Abrir y cerrar contenedores con tapa también ayuda. Pida a su hijo que ponga la mesa. Déjelo servir las bebidas en tazas.

## DIVERSIÓN MOTORA FINA

- Use pinzas para niños para recoger y clasificar pompones o bloques de construcción pequeños.
- Pídale que coloque cuentas en las cintas de los zapatos o en cepillos de limpieza.
- Diviértanse con tiza, crayones y marcadores.
- Hagan un collage quitando y pegando distintas calcomanías en papeles.
- Coloquen pinzas para la ropa en trozos de cartón o en cuerdas, para colgar fotografías.
- Fortalezcan los hombros colgándose de pasamanos, recostándose sobre la panza a colorear y caminando de carretilla.

## ENROLLA, ESTRUJA Y ELABORA

Manipular plastilina ayuda a los niños a desarrollar diversas habilidades motoras finas. Los niños pueden formar bolas, «amasar serpientes», hacer una pizza y cortarla con tijeras de plástico y más. Pruebe esta receta de plastilina casera fácil.

1. Coloque una taza de harina, dos cucharaditas de cremor tártaro y un tercio de taza de sal en una olla de dos cuartos de capacidad. Revuelva para mezclar.
2. Vierta una taza de agua en un recipiente pequeño. Agregue unas gotas de colorante alimentario. Agregue una cucharada de aceite vegetal. Mezcle. Agregue esta mezcla a la de harina que está en la olla.
3. Caliente la hornilla a fuego medio-bajo y revuelva. Estará un poco grumoso, pero siga revolviendo hasta que la masa comience a pegarse en la cuchara y no en la olla. Esto podría tomar hasta tres minutos.
4. Retire la mezcla de la olla y colóquela extendida sobre papel encerado para que se enfríe.
5. Una vez fría, amase y aplaste la masa para eliminar los grumos.
6. Guárdelo en una bolsa o recipiente de plástico sellado.

# LA ESCRITURA:
## ESCRITURA A MANO

Saber escribir a mano de manera fluida, ágil, rápida y legible es esencial para el éxito escolar. Aunque gran parte del trabajo de escuela actual se hace en una computadora, con frecuencia se pide a los estudiantes que escriban a mano para tomar notas, responder exámenes y hacer tareas. Dedicar un tiempo durante los grados iniciales para desarrollar la escritura a mano puede evitar dificultades académicas en el futuro.

Cuando los niños de edad preescolar escriben letras, están aprendiendo al mismo tiempo sus sonidos, y así ambas habilidades son reforzadas, lo que lleva a una mejor capacidad de lectura, de escritura y una mejor ortografía. Con la práctica, la escritura a mano se vuelve automática. Los niños dejan de pensar cómo formar cada letra y quedan libres paras enfocarse en el significado de lo que escriben.

## FORMACIÓN DE LAS LETRAS

La mayoría de las letras pueden hacerse con un solo trazo. Use esta guía para ayudar a su hijo a formar letras comenzando por la parte superior de cada una, dirigiéndose hacia la parte inferior.

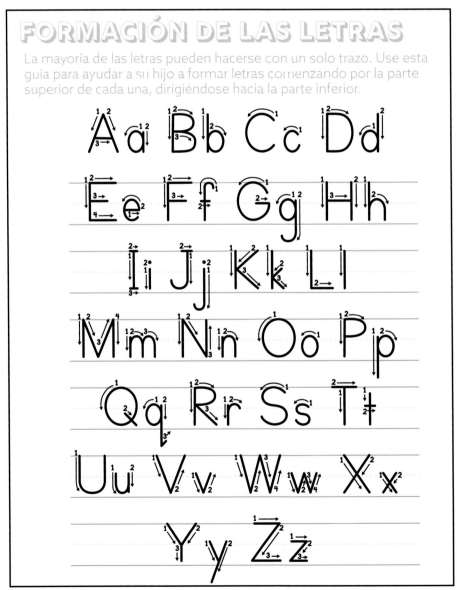

# ACTIVIDADES PARA FORTALECER LAS HABILIDADES DE ESCRITURA

## EVITE LA CONFUSIÓN ENTRE b Y d

Dado que las letras minúsculas *b* y *d* se parecen mucho, los niños las confunden con frecuencia. Para ayudar a su hijo, pruebe estos trucos.

Para que recuerden la letra *b*, asóciela con *bat* y *ball* (o *baño* y *bola*). Trace una línea desde lo más alto a los más bajo para *bat* (o *baño*). Luego, siga la línea un poco hacia arriba para formar el círculo que representa *ball* (o *bola*).

Para recordar la letra *d*, cante la primera parte de la canción en inglés ABC: A-B-C-D. Luego, escriba la letra *c* comenzando por la parte superior. Cuando complete la *c*, continúe la línea hacia arriba formando la *d*.

## LETRAS TEXTURIZADAS

Use un pincel y sumérjalo en pegamento líquido para pintar una letra en un cuadrado hecho de cartulina. Espolvoree arena o brillantina en el pegamento aún fresco. Permita a su hijo intentarlo y sacudir el exceso de material. Haga de la misma manera más tarjetas con letras. Pida a su hijo que use el dedo para recorrer cada letra y decir su nombre y sonido. Asegúrese de seguir la secuencia correcta de trazado de la página a la izquierda.

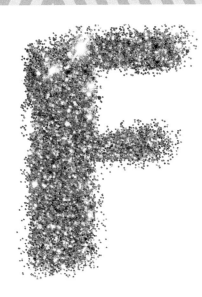

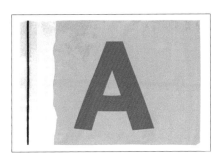

## ESCRITURA CON GEL

Use un marcador negro para escribir una letra grande en una hoja de papel. Llene con gel para el cabello y colorante vegetal una bolsa de plástico resellable de un galón de capacidad. Nivele la bolsa para que quede plana y colóquela sobre el papel sobre la mesa. Su hijo puede usar el dedo para trazar las letras en el gel y decir su nombre y pronunciar su sonido. Asegúrese de seguir la secuencia de trazado correcta de la página a la izquierda.

**19**

# LA ESCRITURA:
## DEMOSTRANDO LA COMPRENSIÓN

Cuando los niños pequeños escriben, demuestran que entienden que las palabras escritas pueden expresar lo que ellos quieren decir. Los niños de prekínder realizan sus primeros intentos de escritura. Practican escribiendo letras mayúsculas y minúsculas. Hacen garabatos, dibujos y usan una ortografía inventada para expresarse. Incluso aprenden a escribir la palabra más importante de todas: ¡su nombre!

## ETAPAS DE DESARROLLO DE LA ESCRITURA

1. Dibujo.
2. Garabatos o escritura imaginaria.
3. Creación de formas parecidas a las letras.
4. Uso de ortografía inventada para escribir letras que corresponden a sonidos.
5. Uso de ortografía convencional para escribir palabras.

## CONSEJOS PARA ESCRIBIR EL NOMBRE

- Enséñele el nombre de cada letra que conforma su nombre y el sonido que hace.
- Comience con una letra cada vez, y poco a poco escriba el nombre.
- Muéstrele cómo usar letras mayúsculas correctamente al inicio de un nombre.
- Ayude a su hijo a memorizarse el orden de las letras de sus nombres y apellidos.

## ACTIVIDADES PARA FORTALECER LAS HABILIDADES DE ESCRITURA

## DIVERSIÓN SENSORIAL

Ponga los sentidos de su hijo a practicar la escritura. Pídale que forme letras uniendo pequeñas pegatinas o lentejuelas en una hoja. Use distintas herramientas para formar letras y palabras con plastilina extendida. Escriba palabras para que su hijo las trace usando crayones o marcadores de todos los colores del arcoíris.

## LAS IMÁGENES CUENTAN HISTORIAS

Hacer garabatos y dibujar imágenes son las primeras formas en las que su hijo escribe historias. Pida a su hijo que le cuente las historias que representan sus dibujos.

# LISTA DE VERIFICACIÓN DE PREPARACIÓN PARA PREESCOLAR

Los niños que comienzan adecuadamente con el desarrollo de habilidades previas a la lectura y la escritura podrán iniciar con seguridad el nivel preescolar. Utilice esta lista de verificación como guía sobre las habilidades que debe desarrollar. Recuerde que los niños maduran a ritmos diferentes. Si su hijo no puede hacer todo lo que está en esta lista, no significa que no esté listo para preescolar.

✔ Conoce los nombres de las letras mayúsculas (ABC).

✔ Conoce los nombres de las letras minúsculas (abc).

✔ Conoce los sonidos de la mayoría de las letras.

✔ Sabe rimar.

✔ Escucha una historia y cuenta el principio, el desarrollo y el final.

✔ Sabe sostener un libro, pasar las páginas e identificar por dónde empezar a leer.

✔ Entiende que las oraciones se leen de izquierda a derecha, incluso si aún no las lee.

✔ Entiende chistes sencillos.

✔ Conoce los nombres de las formas.

✔ Divide una palabra simple en sonidos (*dog* es /d/, /ŏ/, /g/).

✔ Dice el sonido inicial de una palabra (/b/ para *ball*).

✔ Dice el sonido final de una palabra (/t/ para *hot*).

✔ Aplaude las sílabas (dos aplausos para *pancake*: pan/cake).

✔ Sostiene un crayón o un lápiz usando la sujeción de trípode.

✔ Dibuja una figura de palitos.

✔ Escribe su nombre.

✔ Escribe al menos una parte de su apellido.

✔ Escribe algunas letras del alfabeto.

✔ Puede copiar formas como +, × y −.

✔ Puede cortar un círculo grande con unas tijeras y mover el papel mientras sigue la línea de corte.

✔ Colorea una imagen.

✔ Hace garabatos para escribir palabras inventadas, imágenes o ideas.

## Habilidades adicionales

✔ Conoce los nombres de los días de la semana.

✔ Conoce los nombres de los colores.

✔ Cuenta hasta 10 o más.

✔ Escribe los números del 1 al 10.

✔ Conoce su edad y fecha de nacimiento.

# QUÉ HACER CUANDO SU HIJO ENFRENTA DIFICULTADES

Como padre de familia, es frustrante que su hijo enfrente dificultades. Cuando sucede, es importante que busque ayuda. Comience por el profesor titular de su hijo, quien podría darle una atención más personalizada e indicarle estrategias para llevar a cabo en casa. Tutores, profesionales de la educación privados y clínicas de lectura son otras opciones para ayudar a su hijo.

Si su hijo continúa experimentando dificultades, pida a la escuela una reunión en la que se incluya al profesor titular y al director del prekínder. Será una oportunidad para que todos sean honestos y abiertos de una manera solidaria. El propósito de dicha reunión sería reunir información para decidir cómo proceder. Algunos resultados posibles serían la aplicación de una evaluación formal para el ingreso a educación especial, creación de un Plan 504 o un Plan de Educación Individualizada (Inividualized Education Plan, IEP), clases intensivas por parte del profesor titular o consultas con un pediatra para un posible diagnóstico médico.

## PREGUNTAS PARA LA DISCUSIÓN EN GRUPO

- ¿El niño muestra problemas de atención en la escuela? ¿En casa?
- ¿Una asistencia baja está causándole un impacto?
- ¿Cuándo fue la última vez que la vista y el oído del niño fueron evaluados?
- ¿Qué estrategias y apoyos han sido aplicados? ¿Tuvieron éxito?
- ¿El niño tiene alguna condición médica que podría causar un impacto en el aprendizaje?

**alfabetización:** El desarrollo de las habilidades para leer y escribir.

**ciencia de la lectura:** Un cuerpo de investigación que muestra los aspectos más importantes y efectivos de la educación para la lectura.

**comprensión de lectura:** La habilidad para entender e interpretar lo que se lee.

**conciencia fonémica:** La habilidad para identificar y manipular sonidos individuales en palabras habladas.

**conciencia fonológica:** La habilidad para identificar y manipular sílabas y otras partes de las palabras habladas.

**decodificar:** La habilidad para pronunciar las palabras escritas.

**ELL:** English language learner (estudiante del idioma inglés).

**fluidez:** La habilidad para leer con rapidez, precisión y una expresión adecuada.

**IEP:** Individualized education plan (plan de educación individualizada). Un plan personalizado que describe las clases, apoyos y servicios de educación especializada que un niño necesita.

**lectura activa:** Cuando un lector piensa acerca del texto que lee y está concentrado e involucrado en él.

**método fonético (phonics):** El emparejamiento del inglés hablado con letras individuales o grupos de letras; la relación entre sonidos y letras.

**palabra de alta frecuencia:** Una palabra que suele aparecer en materiales escritos y que puede ser decodificada usando reglas comunes del método fonético (phonics).

**palabra visual:** Una palabra que aparece con frecuencia en materiales escritos y que puede ser difícil de decodificar usando las reglas comunes del método fonético (phonics).

**Plan 504:** Un plan que describe los ajustes que hará la escuela para acompañar la educación del alumno.

**sílaba:** Una parte de una palabra que contiene el sonido de una vocal.

**vocabulario:** El conocimiento de palabras y su significado.

# INFORMACIÓN ADICIONAL (EN INGLÉS)

Para saber más acerca de la ciencia de la lectura:
https://teacherblog.evan-moor.com/2022/05/02/what-parents-need-to-know-about-the-science-of-reading/

Para saber más acerca de las conciencias fonológica y fonémica:
https://readingteacher.com/what-is-phonological-awareness-and-why-is-it-important/

Para saber más acerca del método fonético (phonics) y la decodificación:
https://www.twinkl.com/teaching-wiki/decoding

Para saber más acerca del desarrollo del vocabulario:
https://www.edutopia.org/article/6-quick-strategies-build-vocabulary/

Para saber más acerca la comprensión de lectura:
https://www.readnaturally.com/research/5-components-of-reading/comprehension

Para saber más acerca los IEP y los Planes 504:
https://www.understood.org/en/articles/the-difference-between-ieps-and-504-plans

Parte de la información contenida en este libro provino de los siguientes sitios web:
- Florida Center for Reading Research https://fcrr.org
- Home Reading Helper https://www.homereadinghelper.org
- International Dyslexia Association https://dyslexiaida.org
- North Carolina Department of Public Instruction https://www.dpi.nc.gov
- Reading Rockets https://www.readingrockets.org

Escrito por Madison Parker, M.Ed.
Diseño de Rhea Magaro-Wallace
Desarrollo de la serie de James Earley
Edición de Kim Thompson
Tradducción al español: Base Tres

Photo credits: Shutterstock

**Library of Congress PCN Data**
Ayudando a mi hijo con la lectura: Prekínder / Madison Parker, M.Ed.
Una guía para acompañar las habilidades de preparación escolar
ISBN 979-8-89042-932-2 (hardcover)
ISBN 979-8-89042-924-7 (paperback)
ISBN 979-8-89042-940-7 (eBook)
ISBN 979-8-89042-948-3 (ePUB)
Library of Congress Control Number: 2024932664
Printed in **Canada/052024/CP20240501**

## Seahorse Publishing Company

www.seahorsepub.com

**Published in the United States**
**Seahorse Publishing**
PO Box 771325
Coral Springs, FL 33077

Los niños cuyos padres están involucrados en su educación formal tienen más posibilidades de obtener mejores calificaciones y resultados más altos en los exámenes, tener más habilidades sociales y mostrar un mejor comportamiento. Esta guía le ayudará a entender el proceso de aprendizaje de la lectura en inglés y cómo puede ayudar a su hijo a practicar las letras y sus sonidos, a fortalecer sus habilidades motoras finas y a desarrollar otras habilidades de preparación escolar importantes.

## 🦈 CONEXIONES DE SEAHORSE 🦈

ISBN 979-8-8904-2924-7

9 798890 429247

90000

SEAHORSE
PUBLISHING
seahorsepub.com